CHICO CATÓLICO

BAJO EL PATROCINIO DE

SARAH GIRRI
Y JORGE GALLARDO

BUENOS AIRES

Justo Navarro

CHICO CATÓLICO

COLECCIÓN LA CRUZ DEL SUR   •   EDITORIAL PRE-TEXTOS

MADRID   •   BUENOS AIRES   •   VALENCIA   •   2026

Primera edición: enero de 2026

© JUSTO NAVARRO, 2026

© DE LA PRESENTE EDICIÓN: PRE-TEXTOS, 2026

LUIS SANTÁNGEL, 10
46005 VALENCIA
WWW.PRE-TEXTOS.COM

IMPRESO EN ESPAÑA
ISBN: 979-13-88054-02-0 • DEPÓSITO LEGAL: V-50-2026

DISEÑO DE LA COLECCIÓN: ANDRÉS TRAPIELLO Y ALFONSO MELÉNDEZ

AL CUIDADO DE LA EDICIÓN: MANUEL RAMÍREZ

Viñeta: Insecto (ilustración de Paloma Curtis, a partir de una foto de Paloma Curtis)

Impreso en Safekat S.L.

«I was a Catholic boy / Redeemed through pain / Not through joy (...) / They thought they'd teach me fear».[1]

THE JIM CARROLL BAND, *Catholic Boy*

«In den alten Zeiten, wo das Wünschen noch geholfen hat...».[2]

JACOB UND WILHELM GRIMM,
Der Froschkönig oder der eiserne Heinrich

«Do you know which insect you most resemble? (...) How old were you when you realized that lives were short?».[3]

RON SILLIMAN, *Sunset Debris*

«Maybe this isn't a disease at all. Maybe it's a transformation».[4]

DAVID CRONENBERG, *Cronenberg on Cronenberg*

«Als Gregor Samsa eines Morgens aus unruhigen Träumen erwachte, fand er sich in seinem Bett zu einem ungeheueren Ungeziefer verwandelt».[5]

FRANZ KAFKA, *Die Verwandlung*

«En un diccionario (...) como el Slaby Grossmann se encuentran bajo la voz Verwandlung las siguientes equivalencias: "cambio", "transformación" (...) "mutación" (...) "consagración" o "transubstanciación" (de la Hostia)...».

JUAN JOSÉ DEL SOLAR, *Notas a "La transformación"*

«Considering how common illness is, how tremendous the spiritual change that it brings, how astonishing, when the lights of health go down, the undiscovered countries that are then disclosed...».[6]

VIRGINIA WOOLF, *On Being Ill*

---

[1] Yo era un chico católico, / redimido por el dolor, / no por la alegría (...) / Creían que me enseñaban miedo.

[2] En tiempos remotos, cuando desear todavía era útil...

[3] ¿Sabes a qué insecto te pareces más? (...) ¿Qué edad tenías cuando te diste cuenta de que las vidas son breves?

[4] Quizá no sea una enfermedad. Quizá sea una transformación.

[5] Cuando Gregor Samsa se despertó una mañana después de un sueño inquietante, se encontró en su cama convertido en un bicho monstruoso.

[6] Considerando lo común que es la enfermedad, el tremendo cambio espiritual que provoca, los asombrosos, cuando se apagan las luces de la salud, países no descubiertos que entonces se revelan.

A

I

EL ruido de la avispa en la mano cerrada,
ahorcado en el hangar el Hombre del Domingo,
la sangre coagulada en el tubo de ensayo,
la carne viva en el Santo Vial,
el niño que será un día yo
pide perdón sin culpa por el niño que no seré.

EL descriptor de insectos migratorios
conserva en algodón un aguijón de avispa
y no dice su nombre a nadie, hijo legítimo,
inocente según las apariencias,
sólo quisiera ser un extranjero
y no un miembro aceptado de la comunidad.

3

Ministerio de Asuntos Clínicos, archiveros
día y noche a una luz de 25 vatios,
el niño-larva duerme cada noche en un nuevo expediente
y escribe cada noche con una letra nueva
mis vidas, mis no vidas, una letra tan grande que no puedo leerla,
y trata de venderme la cara que fue mía.

4

EL Hombre del Domingo se enmascara
de escarabajo mientras la parroquia
reza a los muertos y en la feria llueve
y los enanos beben vino y comen
pan como el niño que come Carne, bebe Sangre y recuerda
la oscuridad vacía de los ojos cerrados para ver lo invisible.

5

LAS leyes de la huida
cuando estás donde todo está en otra parte
y los aviones llevan a cualquier punto de la Tierra
pero donde tú estás no hay aeropuerto
y un megáfono invita a dejar la ciudad
y el niño insecto escucha las avispas, el vuelo.

6

SUNDAY Man said
Hold the cross close to your eye and look
into each of the seven jewel-like crystals,
your eyes will glow with renewed reverence
as you see clearly and distinctly immortal scenes,
The Seven Sorrows of our Blessed Mother.[7]

---

[7] Packaged in gift box. Only $4.98. Jolola Sales Limited, Box 496, Buffalo, N.Y.

EN el aire la sopa en la cuchara, la boca abierta, un terremoto,
4'3 escala Richter, se derrama la sopa, Super 8 en color, en la pared
dos polillas pasean por el agua de la piscina donde nadan
una niña y un niño, y los recuerdos se presentan
a las cuatro de la mañana, cigarrillos quemados, ropa húmeda,
el proyector, su ruido, es la banda sonora.

8

Estaba enfermo de pasado el paciente incurable,
microconcentraciones de instantes infecciosos,
y leía un misal, una mancha de sangre en una página,
la huella del dedo de un niño,
el paciente incurable se miraba al espejo
y nadie lo miraba debajo de la máscara.

9

EL buscador de la verdad no sabe
si encontró la verdad o se engaña a sí mismo,
no sabe el niño insecto si la vida que cree haber vivido
es la vida vivida o la vida deseada,
y se vio desde el puente, río abajo, en cubierta,
desde el ferry miraba al hombre que lo mira desde el puente.

LOS órganos mutados por agentes externos, el tiempo, por ejemplo,
si no es el tiempo un agente interno,
esa manera de entender el tiempo
en la nave espacial de las enfermedades terminales,
la velocidad de extinción, la lucha
por el puesto eyectable del piloto.

MADRUGADA a las cuatro, alarmas antiaéreas
a las cuatro, sin sueño, si la fábrica
del silencio trabaja a su potencia máxima y los miedos
al pasado, al presente y al futuro firman su Triple Alianza,
y el chiquillo descubre que es el bicho
que morirá al principio de la novela de misterio.

ATRAPADO en su máscara de oxígeno, se mueve el astronauta
  en el planeta
de los seres impredecibles, el miedo es una mezcla
de futuros anticipados y pasados reconstruidos y el presente
es un grumo de tiempo, pasado más futuro
en un tubo de ensayo, a través de la niebla
se abre camino el astronauta y nunca sale del presente.

ERA tanto el silencio que te hablaban los pasos
en la escalera, el ruido de la aguja
al chocar con el plato o al hundirse en la carne,
analgésicos en el aperitivo,
la vida eterna en un hotel de un día,
deseo de no ser quien eres, deseo de no ser.

EL niño con antenas
es el tubo de ensayo en el que sintetiza
angustia el interrogador, un expediente
en el archivo policial de los espacios interiores,
detecta el interrogador una mota de polvo en el blanco del ojo,
el cuerno del caracol se contrae si lo toca la punta del dedo.

LE machacó la mano el martillo de goma
y el cristal del reloj se rompió a las nueve y cuarenta,
me abría paso a tiros a esa hora en un callejón de Beijing,
no sentí el crac del cristal al romperse,
el crac del caracol,
el dolor que el dolor que no es mío me causa.

ME vio en un bar el funcionario
que en vez de dientes tiene avispas,

en aquel tiempo el farmacéutico
me vendía oxicodona

y Caraescarabajo me dio la comunión
en pastillas de 10 milígramos,

la asamblea del sindicato de insectos celebraba
sesiones en mi cráneo,

un enjambre de voces no visible,
microconcentración

de instantes infecciosos,
la clandestinidad.

Escamas de iguana crecían en la cara del niño,
no dormía por miedo a que un extraño le quitara la máscara,
todo el mundo dormía con la máscara puesta,
se fue la luz y nadie se desenmascaró, nadie dormía,
Ojos de rayos X vigilaba, veía
las caras disolverse bajo las máscaras de oxígeno.

PESABA tanto el aire en la cabina
que el piloto se sujetó
la cara con vendajes
para que no se desprendiera, el niño insecto
en el proceso de disolución,
el niño disolviéndose en la atmósfera ácida.

ME quemaba las huellas digitales
el interrogador, pisotearon
la bombilla de 25 vatios, la oscuridad era un enjambre
de bichos, vidrio roto
y tiempo coagulado, la vida era más larga,
la disolución iba a otra velocidad.

EL cirujano-comisario de los ojos de mosca
manipulaba espejos y recuerdos,
si cerrabas los ojos los abrías y tú ya no eras tú,
o aún eras tú y era peor, la sangre
es sangre falsa, dijo el hematólogo,
los rayos X dicen que detrás de la máscara no hay nadie.

CENIZAS en el aire, lluvia
de polvo en una habitación con sol, el flujo de memoria en la
    pantalla
de los ojos cerrados, trepan las ratas por los cables
del ascensor, no es esto lo que digo,
sino lo que no puedo decir, no lo que pienso, sino
lo que no llego ni a pensar, lo no vivido y lo vivido, lo incurable.

B

TODO lo que he dicho empobrece
lo que quise decir,
dijo el descriptor de desastres, y con el ojo
en el ojo de la cerradura otra vez empezó
a describir centímetro a centímetro
las paredes en blanco.

DÍAS de feria en el vial de lujo,
se desploman las casas en ruinas
dentro de cuatrocientos treinta años

y los siameses isquiópagos niño-
caimán pasean entre los escombros,
dos cerebros, cuatro ojos, dos mandíbulas,

cuatro tímpanos, dos olfatos, ocho
extremidades, doble percepción, la mosca joven
salta de miedo en el laboratorio,

ve por el ojo de la cerradura
cómo el tiempo inocula a los niños insecto
el gas de la memoria que los madura y los corrompe.

Las criaturas que viven en desagües
a la luz de algún patio interior,
el escenario, focos, música en el cuarto de arriba,
la Ultravida es posible, anunció el Hombre del Domingo,
las caras se borraban, agua o cera fundida,
imágenes quemadas por la luz.

EL insecto vivía en las paredes de una cómoda,
su cabeza era un baile de termitas y las termitas eran el pasado,
la centrifugadora de las ideas nocturnas funcionaba
día y noche, motín de las moscas espía,
inoculadas a medio formar
las certidumbres sin futuro, era la última fiesta, confeti contagioso.

EL zumbido sin fondo de la noche cuando apagan la luz,
o el silencio que cabe en los laboratorios
vacíos, o en el roce de los pasos vacíos que dejan de seguirme
cuando mi sombra deja de seguirme y el falsificador
de sí mismo me mira y somos
él y yo uno, y más, este ruido.

ABANDONADOS en las carreteras,
coches vacíos y quemados, refugiados en fuga,
choques entre facciones, atascado y masivo
micromotín de neurotransmisores,
entonces yo vivía en un apartamento de cuarenta metros cuadrados
y vivían en mí unos ciento doce mil habitantes.

FORTALEZAS volantes, humo negro, las alarmas nocturnas
se coagulan, futuro inoculado
en la sangre del niño insecto
si es que el pasado espera en el presente
al futuro, enfermedad sin cura,
este proceso de extinción.

29

ABREN los mataderos, el hombre de la máscara
y la venda en los ojos quema los documentos de las nopersonas y
en el ojo del cerdo
se ve una casa, el metro que circula por el último cuarto, el más
estrecho,
pero el tiempo ha pasado y recuerdo muy poco, ni siquiera me
acuerdo
del nombre de la calle, de cómo se llamaba la ciudad,
de adónde iba el avión en el que yo volaba.

VI en la pared en blanco lo que los ojos ven
si se acostumbran a la oscuridad, el cielo prometido estaba
en mi cuarto y mi vida
era la eternidad, este momento, la conjura de todos
mis errores reunidos, agujas no esterilizadas, la infección
de los días oscuros no caducados nunca.

Hablaban las termitas y excavaban la pared de la cómoda,
no oí lo que decían en el cuarto de al lado,
dejó de hablarme el niño insecto,
el Hombre del Domingo, Cara de Escarabajo y Ojos de Rayos X
emigraron a otros paraísos, me habían pinchado los teléfonos,
memoria intervenida, propaganda subsónica, directrices
subsónicas.

UN enjambre de insectos
en un cine vacío es la memoria,

esta gota de angustia
condensada en la aguja desnuda,

la manera de hablar
del astronauta solitario, un susurro.

33

EL cerebro lavado vivía en conexión
con la cápsula productora de imágenes, insecto
afásico, pasaba
el tiempo en su agujero de realidad reproducida
y yo buscaba la salida de mi vial de irrealidad, vivíamos
la vida eterna y esperábamos un mensaje que nunca nos llegaba.

Vivía en el Palacio de Hielo, maniobras
aéreas de la nieve en la cabina
de la nave espacial, mientras no la mirábamos
mi cara se borró y al cabo de los años
la vi en un aeropuerto y era tan diferente que no me conocí,
la fábrica de tiempo era el refugio de quienes programaban caras
    nuevas.

35

SOLO dentro de sí, sin contacto por radio,
el hombre de la máscara alquiló
dos cuartos en la fábrica de instrumental quirúrgico,
compró en la tienda de segunda mano siete caras robadas,
cada día llevaba una cara distinta,
dentro de sí no tiene cara ni conexiones con el exterior.

Pasaron años y el invisible niño insecto
se olvidó de la cara que tenía cuando era visible,
no se reconoció en ninguna
de las fotos que le enseñaron, le dijeron que era
uno de esos extraños a quienes no saluda
cuando los ve en la fábrica de tiempo.

EL cortapicos de ojos electrónicos interrogó a los inocentes,
luces ultravioleta, caras púrpura,
recomendaba el médico usar distintos fórceps para distintas caras,
cortapicos andaban por las caras como por las paredes,
caras nubladas –no espejos nublados– en los laboratorios,
el interrogador buscaba grietas para pasar la noche en la cara de
los interrogados.

EN el mapa de Marte la polilla
duerme sobre el cristal con los ojos abiertos,

es un oído cada ojo
y oye y registra cada ojo

todo lo que se dice en la cabeza
del inquilino, doble cámara,

para volver a duplicarla duplica cada imagen
que ha captado el cerebro de la víctima,

y a través de las patas la polilla recibe toda
la impasibilidad de la pared,

bajo las alas escamosas vive
el inquilino, es un hogar, una boca cerrada.

39

EL cirujano borra cada espacio
del cerebro del niño, escuchas telefónicas,
en todas las paredes del cráneo videocámaras,
los altavoces dictan las palabras
que salen de la boca,
el ruido vacío de la noche en silencio.

DE noche cambiaban de cara los insectos miméticos,
metían la cabeza en la bolsa de plástico y salían –no te lo he
    dicho nunca–
con la cara borrada, al volver del colegio tenía que pasar
por los aparcamientos, no había un solo árbol, pero de alguna parte
llegaban hojas secas, cada mañana cara evaporada camino del
    colegio,
la niñez, sus alegres diversiones.

41

LA avispa que murmura
con lengua de hojalata

volaba en el oído
del niño adormilado,

una voz incorpórea
hablaba en algún sitio,

se elevaba en el aire como
la pluma de un gorrión,

era honda como una carretera
sin salida la casa de mis padres,

la aguja me miraba con su único ojo
y en la jeringa aleteó la avispa.

DÓNDE estabas cuando explotó el generador de electricidad
y el vuelo orbital cesó de repente,
preguntó el cortapicos de los electrofórceps,
bebía té, vestía traje espacial, miraba cómo se disolvían las estrellas,
en el cristal de su casco de vuelo veías remota la casa
a la que nunca ibas a volver.

¿TE acuerdas de cuando te viste
en un tren subterráneo desde otro tren que iba
en dirección contraria? ¿O no era esto
lo que querías decir? ¿La sensación
de no vivir ahora donde otros viven todavía
y los mira una máscara con los ojos vacíos?

C

CANCIÓN DE LA MAÑANA NUEVA

I.

HE clavado la aguja en la carne y he visto
las ciudades perdidas del futuro,
batiscafos varados en las profundidades,
no puedo hablar de lo que estoy hablando
y no sé si me entiendes,

la picadura del insecto y su veneno,
la moneda sudada en la mano gastada,
viajamos en un tren toda la noche y no salimos de la noche,
se fue la luz, llovía en el compartimento,
al final de la noche nadie esperaba a nadie.

El comisario se quitó el ojo de cristal,
me miraba a través de la cuenca vacía,
«No estás donde esperaba no verte», me había dicho,
policías pedían pasaportes,
se borraron cuando volvió la luz.

Recuerdo el día en que borraron los espejos,
la sensación de no acordarme de mi cara,
quería hablar, pero tenía una avispa en la boca,
todavía me sigue ese ruido,
el ruido de la avispa en mi boca cerrada.

No sé –me había perdido–
de dónde había llegado ni adónde quería ir,
me esperaban en la estación dos moscas que parecían conocerme,
la orquesta del desastre químico afinaba sus instrumentos,
tenía el cielo aquella tarde el color de la nieve nueva.

El deslumbramiento del miedo, el apagón nocturno,
era un hotel en el que nadie hablaba
el idioma de quien tenía más cerca,
en los cajones de la cómoda hablaban las termitas,
volvió la luz y vi una habitación diferente

a la habitación en la que estaba cuando se fue la luz,
habían pasado años, pero el miedo era el mismo,
miedo puro, lo que no puedes decir aunque quisieras
decirlo, en aquella ciudad todos me conocían
y cada uno me llamaba con un nombre distinto.

«Abrígate, cómprate cada noche dos caras nuevas para el nuevo día»,
me dijo el cirujano, vi ladrones de lenguas
en la estación, la policía
repartía palabras, lenguas nuevas
a quienes se quedaban sin la suya.

Me habían dicho que viajaba de vuelta a casa de mis padres,
hojas secas volando por la casa,
en cada dormitorio quemaban hojas secas,
el ojo, la cuenca vacía del comisario, lo recuerdo,
mi pasaporte, el humo, quemado, sin nombre ni cara.

II

EN aquel tiempo era yo mismo la persona que me era más cercana,
y también era yo la persona que sentía más lejos,
cada una discutiendo con la gente
que vivía con él, dentro de sí, viviendo juntos
en una habitación de cuarenta metros cuadrados.

Dejé aquella ciudad y llegué a otra
que era la misma de la que me fui,
conmigo se venía mi doble con su doble,
la voz que habla conmigo y la que habla
con la voz que habla conmigo.

En mi cuarto alquilado de unos cuarenta metros
resonaban mis pasos, los pasos de quien pisa una casa vacía,
vi desde la ventana aviones que volaban hacia el norte,
hacia una habitación que, si fuera la mía,
no sería distinta de este espacio de una sola ventana.

La exterminadora de insectos vino a verme,
ojos de cloroformo color cielo,
había oído el ruido de la avispa, un amor casi vivo
e instantáneo, dijo: «No dejes
que te quiten la tuya los ladrones de lenguas».

ÍNDICE

A.

B.

C.

ACABOSE DE IMPRIMIR ESTE LIBRO

EL 26 DE ENERO DE 2026